Rudolf Nikolaus Maier

WOHNEN UNTER DEN DINGEN

Neue Gedichte

Rudolf Nikolaus Maier

WOHNEN UNTER DEN DINGEN

Neue Gedichte

Jan Thorbecke Verlag Sigmaringen
1990

CIP-Titelaufnahme der Deutschen Bibliothek

Maier, Rudolf Nikolaus:
Wohnen unter den Dingen: neue Gedichte / Rudolf Nikolaus Maier. – Sigmaringen: Thorbecke 1990
ISBN 3-7995-1685-9

Dieses Buch ist aus säurefreiem Papier hergestellt und entspricht den Frankfurter Forderungen zur Verwendung alterungsbeständiger Papiere für die Buchherstellung.

Gesamtherstellung:
M. Liehners Hofbuchdruckerei GmbH & Co. Verlagsanstalt, Sigmaringen
Printed in Germany · ISBN 3-7995-1685-9

Inhalt

Die Wissenschaft macht das... Ding zu etwas Nichtigem, insofern sie Dinge als das maßgebende Wirkliche nicht zuläßt. Das... Wissen der Wissenschaft hat die Dinge als Dinge schon vernichtet, längst bevor die Atombombe explodierte. Deren Explosion ist nur die gröbste aller groben Bestätigungen der langher schon geschehenen Vernichtung des Dinges: dessen, daß das Ding als Ding nichtig bleibt. Die Dingheit des Dinges bleibt verborgen, vergessen. Das Wesen des Dinges kommt nie zum Vorschein, d.h. zur Sprache. Dies meint die Rede von der Vernichtung des Dinges als Ding. *Martin Heidegger*

Die unter dem Getrenntsein stöhnenden Dinge.
Albert Camus

HERBST DES ABSCHIEDS

Abschied

Tief abfallender Innenraum.
Brunnenstube
mit Jahresringen an den Wänden.
Unten der Spiegel,
dämmrig.

Kaum wahrnehmbar
der Garten Eden.
Schwankend
und lächelnd
das Knabengesicht.

Mein seliger Spiegel.
Mein schmerzlicher Spiegel.

Dort
ist ein Anderer.
Ein Fremder.
Sehr fern.

Ein Stein.
Ein kleiner Stein
mit rascher Hand geworfen.
Es klirrt wie gesprungenes Glas.

Einer muß sein

Kein Arkadien.
Kein elfenbeinerner Turm.
Nur eine kleine Oase
hinter einem luftigen Zaun
aus tannenen Brettern.

Einer muß sein,
der Absage erteilt dem lärmenden Tag
und mit den stummen Bewohnern des Gartens
ein Fest der Stille feiert.

Einer muß sein,
der dem Zuspruch der alten Bäume lauscht
und den Glanz der Wahrheit sieht,
der aus den Blüten bricht.

Einer muß sein,
der über sich das weithin Offene sieht
und ahnend vordringt in Räume,
in denen die letzten Geheimnisse wohnen.

Einer muß sein,
der in der Oase lebt.
Auf verlorenem Posten.

Ich suche das Wort

Ich suche das Wort fern den Gassen,
wo es als kreisendes Gemurmel
aus den Mündern der Menschen quillt,
das gereinigte und lautere Wort,
geborgen aus den Tiefen des Schweigens,
eingebettet in das Weiß der Stille.
Es soll streng und deutend sein,
zart und spielerisch,
das Wort der Beschwörung,
darin sich Welt und Dinge spiegeln.
Es sei das sprechende Wort,
dem hörenden Du geöffnet,
das Wort, das andere Worte lockt
und zum Gefüge bindet –
Sprachraum der Worte und Rhythmen,
häusliche Bleibe für willkommene Gäste.

Der Fallensteller

Ich stelle Fallen, lege Reusen,
spanne Netze –
der Fisch entschlüpft und das Meer
und der Baum und der Vogel.
Sie schauen herüber, alle,
blinden Gesichts,
leuchtend hier und
lockend dort,
lachen über Netze und Fallen
und hüten ihr Unfaßbares
wie eh und je.

Dies Wenige

Was aus Rinden und Astwerk bricht,
aus Blattgrün und Baumblust –
unsere Antennen reichen nicht,
die Botschaft zu empfangen.
Uns fehlen Fühler,
wie sie Falter haben.
Adleraugen.
Röntgenstrahlen.

Manchmal erreicht uns
ein Wink, ein Zeichen
oder ein stilles Leuchten.
Dies Wenige ist uns gewährt.

Und wieder und wieder
das enttäuschte Stehen
vor den stummen,
verschlossenen Alltagsdingen.
Auch unsere Augen:
blind und verschlossen.
Der Schleier der Fremdheit
liegt über der Welt.

Es

Ich fand es nicht in heiligen Schriften
und nicht in den Büchern der Philosophen.
Ich fand es nicht im Tempel von Angkor
und nicht in der Straße der Sphinxe.
Der romantische Jüngling, damals,
als er das Bildnis der Göttin enthüllte,
fiel einer Täuschung zum Opfer.

Ich fand es nicht.
Kein Sterblicher wird es finden.
Aber ich entdeckte Spuren:
in einer frisch erblühten Rose,
im Feuer einer aufgehenden Sonne,
in den Augen eines Kindes.

Der Spruch der Herakleitos

Dort steht der Mann, den wir suchen.
Er lehnt am Backofen, um den Rücken zu wärmen.
Sein Gewand ist zerschlissen, er lebt in Armut.
Er hat uns nichts zu sagen. Gehen wir heim.
Herakleitos bemerkte ihr Zaudern und gab ihnen ein Zeichen.
Sie näherten sich zaghaft und zögernd:
Meister, die Götter schenkten dir die Gabe der Weisheit.
Dein Ruf ist zu uns gedrungen bis in die Berge.
Beantworte uns die Frage:
Du sagst, der göttliche Daimon sei an allen Orten.
Wie kann das sein? Wir können ihn nicht sehen.
Herakleitos sah sie an mit stillem Ernst und sprach:
Ihr habt wache Sinne, um Verborgenes zu ahnen.
Ihr habt helle Augen, um Geheimes zu schauen.
Könnt ihr nicht sehen? Ich antworte euch:
Auch hier, an diesem Orte, waltet der Gott.
Nehmt diesen Spruch mit in eure Berge
als Gabe des Herakleitos und vergeßt ihn nie.
Sprach's und lehnte sich an den Ofen zurück,
um sich seiner Wärme zu erfreuen.

Ein Blick hinab

Nächtlich.
Ein Blick hinab
in die innere Zisterne.
Unten dunkles Gebräu.
Schwarzer Spiegel.
Kein Spruch der Pythia.
Bedrohung durch Nachtmahre.
Das Auge schließt sich
über der verneinenden Finsternis.

In den Lidspalt
fällt der Glanz
des anbrechenden Tags.
Das offene Auge
empfängt den Segen
des jasagenden Lichts.

Vorübung

Fallen.
Sich fallen lassen.
Am Waldrand ins Gras
oder ins Moos unter Tannen
oder am Meer in warmen Sand
oder im Gebirge auf nackten Stein.

Nur als Vorübung gedacht.
Die letzte Liegestatt
ist schon bereitet.
Irgendwo,
irgendwann.

Spätes Licht

Hinter dem Gitternetz der entlaubten Bäume
der trügerische Glanz des späten Lichts.
Die Nester sind leer.

Aus den herbstlichen Räumen
gleitet ein letztes Blatt in müdem Flug.
Es ist der Fall in die Verwesung.

Auf der Bühne des Gartens
haben die Blumenspiele ausgespielt.
Im Winkel hockt die Wehmut.

Auf den Steinplatten Schichten vergilbten Gelbs,
Fetzen fahlen, schwarzgefleckten Rots,
Häufungen braunledernen Laubs.

Auf der verwaisten Vogeltränke
das erste gläserne Eis.
Kalter Wind aus Nordost.

Herbst des Abschieds

Die Blätter der wilden Rebe
zeigen einen Anflug von Purpurrot.
Sie ahnen den fernher kommenden Tod.

Die Vögel versammeln sich in den Büschen
und planen den Tag des großen Flugs.
Die Fangnetze sind schon gespannt.

Wer jetzt im Herbst des Abschieds steht,
zählt die Herbste nicht.

Nacht

Nacht hinter den Lidern.
Rußschwarze Nacht.
Das geschlossene Auge.
Das innen schauende Auge.
Es sieht den vergangenen Tag.
Grau, wenig Lichtes.
Es sieht den morgen kommenden Tag,
den Ablauf des Immergleichen.
Es sieht, wie die leere Stunde zerrinnt
im Abgrund des Unergründlichen.
Es sieht den eigenen nackten Leib,
ausgesetzt auf dem Lager des Leids.
Es sieht in der Ecke die düstere Gestalt,
den ständigen Begleiter, lauernd.
Es beachtet ihn nicht.
Es schaut, in Zuversicht geübt,
in die hohen Räume hinauf,
wo die Sterne wohnen.

Frage die Sterne

Das pochende Herz.
Eine Hand wird eingreifen,
unerbittlich, endgültig.
Wann?

Frage die Sterne,
die Sterne lügen nicht.
Sie schenken uns gnädig
die Offenbarung von oben.

Die Sterne lügen.
Einer, der auf sie vertraute,
lag zur günstigen Stunde
in seinem Blut.

Die Frage verhallt
im Abgrund des Schweigens.

Ich bin bereit

Mein Haus ist bestellt.
Alle Wirrnisse sind getilgt,
alle Nichtigkeiten ausgeräumt.
Ich schaue zurück,
gelassen und ohne Bedauern,
auf die Landschaft gelebten Lebens.
Ich beginne, in den Gaben der Erde
die Spur des Anderen zu sehen.
Ich bin bereit,
den Einbruch des Ewigen zu erfahren.
Ich bin bereit,
die schmerzliche Schwelle zu überschreiten.

Lebensläufe

I

Das Kind wollte den Schlaf sehen.
Es hat ihn nicht gesehen.

Der Mann wollte die Menschen erkennen.
Er hat sie nicht erkannt.

Der Greis wollte die Dinge verstehen.
Er glaubt, sie verstanden zu haben.

II

Der Jüngling hat es geahnt
beim Anblick des Pflaumenbaums.

Der Mann hat es bedacht
beim Anblick der Rose.

Der Tod wird es offenbaren
zur rechten Stunde.

ER IST DA

Die Dinge erstarren
Dein Wille geschehe
Der letzte Atemzug
Das schwarze Tuch
über deinem Gesicht

Die leere fleischliche Hülle
Das gedunsene Gesicht
mit den glanzlosen Augen
gut für die Grube

Die Uhr tickt weiter.
Ein Mondstrahl fällt ins Zimmer.
Zur frühen Stunde,
draußen in den Büschen,
der Ruf der Amsel.
Die Erde dreht sich,
und die Sterne wandern.
Deine Spur verliert sich
in obskuren Fernen.

Die Negerin

Sie trug den kahlen Schädel ihres Mannes
zwischen den nackten Brüsten.
Sie hatte rote Hibiskusblüten
in die Augenhöhlen gesteckt.
Sie schritt erhobenen Hauptes
und strich mit zartem Finger
über das glatte Gebein.
Sie sprach mit dem Toten
und lächelte.

WOHNEN UNTER DEN DINGEN

Am Rande

I

Mein Wort sei ein Sprechen mit den Dingen.
Nahe dem Gebet.

Das Sinnen über das Innige der Dinge
ist ein Fest des Geistes und der Sinne.

Über einen rotwangigen Apfel streichen –
Liebkosung des Erdgeborenen.

Blumen wohnen näher bei Gott
als Menschen.

Sehnsucht nach den Zeiten
der Weidenflöte.

II

Unter dem Gebälk
das papierene Haus der Hornissen –
Schönheit und Bedrohung zugleich.

Auch Rosen und Perlen,
Sterne und Kristalle
erwachsen einem dunklen Grund.

Sindbads verlockende Palmeninsel
begann zu wanken
und versank im Meer.

Meine kleinen Schätze

Dies waren meine Schätze:
ein runder weißer Kiesel,
ein gesprenkeltes Vogelei,
ein Schneckenhaus.

Mein Freund sagte:
Du bist dumm.
Was soll das Zeug?
Wirf es zum Fenster hinaus.

Ich erschrak.
Und ich fragte mich:
Bin ich dumm,
weil ich den Kiesel liebe
und das Vogelei
und das Schneckenhaus?

Ich male sie

Ich hole sie herein von draußen,
die Dinge der Bewunderung,
und male sie nach Kinderart
auf die Wände meiner Kammer:

den Mond und den Stern,
den Stein und den Baum,
das gezackte Ahornblatt
und den geschweiften Vogel,
die Strahlung der Blumensonnen
und die Sinnlichkeit der Rose,
die Glut der Granatapfelblüte
und das Gold vom Globus der Orange.

In einen Sommerhimmel hänge ich
eine zierlich kletternde Ranke,
vielleicht das Nachdenkliche großer,
hängender Blätter oder auch
Gesichte, wie sie in Wolken wohnen,
in den Wasserlachen der Straße
und in Spiegeln der Lüfte.

Ich steh inmitten meiner Gebilde
und schaue sie an.
Ich glaube, sie lächeln.

Rechtfertigung der Dinge

Da muß er lernen von den Dingen,
anfangen wieder wie ein Kind.
Rilke

I

Zuweilen schauen sie herüber,
als wollten sie sprechen.
Ihre wortlose Sprache ist reicher an Offenbarungen
als das menschliche Wort.
Ihre Einfalt, kindlich und uralt zugleich,
ist voll ewiger Weisheit.
Sie liegen Nacht um Nacht
unter dem Uhrengang der Sterne
und erfüllen ihr Gesetz Jahr um Jahr.
Sie ruhen göttergleich in sich,
unsere Unrast berührt sie nicht.
Sie haben die Größe des Urhaften,
uns Menschen unerreichbar.
Ihre Rätselaugen sind verhüllt:
diaphane Masken.

*

Ich greife das Greifbare mit beiden Händen
und greife hinein ins Unbegreifliche.
Ich nehme das Sichtbare wahr sehenden Auges
und schaue hinein ins Verborgene.

II

Steine sind Meister des beredten Schweigens.
Ihre Sprache kommt aus den Schächten der Jahrtausende.
Blumen schauen uns an, als kämen sie aus Räumen,
die jenseits der Menschen liegen.
Ein Blick in das Innere einer Orchidee
kann uns die Ehrfurcht lehren.
Manche Blumen tragen das Siegel der Sonne
und verraten die Nähe des Gottes.
Aus welchen Himmeln nimmt der Enzian,
kärglich auf Steingrund wachsend,
sein nächtliches Blau?

*

Materie. Totgesagte Materie.
Ein Krug. Ein Buch. Ein Ring.

Die Alten nannten ihn Mutter,
den Stoff, aus dem die Erde ist
und jede Kreatur der Erde,
den Stoff, in dem verborgen
der Tanz der Elektronen spielt,
den schöpferischen Grund,
gezeichnet vom Rätsel des Unsichtbaren.

Die Totgesagte lebt –
Mater Materia.

III

Gräser haben den Zauber der Grazie
und die Anmut des Spiels.
Gräser haben den Stolz der Armut
und den Gleichmut der Verachteten.
Gräser sind von unzerstörbarer Zerbrechlichkeit.
Gräser sind Beispiele härtesten Widerstands.
Auch Gräser bergen Unsichtbares.

Wo, ich bitt euch, in welcher Ecke
wächst nicht das grüne Gras,
der Erde unsterbliche Zuversicht.

IV

Sie fürchten den Wind.
Sie fürchten den Regen.
Sie fürchten das Gift der Straße.
Sie fürchten die Hand des Menschen.
Manche spüren den Tod.
Viele sind traurig.

Sie sind vergessen
wie alte, abgestellte Geräte.
Wer sieht ihr verhaltenes Lächeln?
Wer hört ihren heimlichen Zuspruch?
Welcher Kluge vernimmt ihre Weisheit?
Ihre unsichtbaren Hände
gleiten an unserem Hochmut ab.

Ein Kind, draußen in der Frühlingswiese,
dem Blühenden geschwisterlich nah,
in der Faust die gelben Schlüsselblumen,
beginnt zu singen und zu tanzen.
Bald wird es solcher Freude entwachsen
wie dem zu kurz gewordenen Rock.

Schweigen

Das enigmatische Schweigen im Stein.
Die abgründige Lautlosigkeit der Sternenräume.
Die jenseitige Ruhe im Gesicht eines Toten.

Schweigen: erstickt im Getöse der Welt.
Schweigen: die Weisheit des Alters.

Wechselspiel

I

Aus dem Gezweig der Eiche
die feine Strahlung,
das verborgene Raunen.
Es weht herüber –
spürbar allen Sinnen,
die sich öffnen wie Blüten
und sich hinhalten dem Offenen.
Die Grenzen fallen.
Hier und Drüben begegnen sich
im Raum der Stille
und beginnen ein stummes Gespräch.

II

Draußen die Birke am Gartenhag.
Wir kennen einander.
Wir sind ebenbürtige Partner.
Ein Schauen hinüber,
ein Leuchten herüber.
Fadenfeines Hin und Her.
Wortloser Dialog.
Wechselspiel.

Kleiner goldener Mond

Ich wiege ihn in der Hand,
den kleinen goldenen Mond,
das Geschenk aus südlichen Gärten.
Der Sonnengott hat die spitzen Kammern,
die sich unter der gelben Schale drängen,
mit Nektar gefüllt.
Die Sinne nehmen die Süße wahr,
die aus den Poren dringt.
Die Fingerspitzen spüren
die nahtlose Rundung der Kugel.

Nur ein Apfel

Er ahmt – obwohl ein wenig schiefgewachsen –
die Gestalt der Erde nach.
Die eine Hälfte hat sich Morgenröte,
die andere helles Meeresgrün geholt.
Nun hockt er auf dem Küchentisch,
rund und feist und würdevoll –
ein Buddha, der sich selbst betrachtet.

Nur ein Apfel aus dem Bauerngarten,
dennoch Frucht vom Garten Eden.
Er gibt sich keiner Eva in die Hand.
Doch wer ihn anschaut,
spürt die sanfte Lockung,
ihn anzufassen,
die harte Rundung
in der Hand zu fühlen
und hineinzubeißen
in die pralle Frucht.

Großer Stein

Ungefüger Block,
angesiedelt inmitten von Farn
und blühender Rankenwildnis.
Kahler Schädel,
rissig und mit moosigen Schründen,
eingehüllt in steinernes Schweigen,
die Sprache der Jahrtausende.
Dann und wann
Rastplatz lautloser Falter.
An warmen Sommertagen,
zur Mittagsstunde,
Sitz des Gottes Pan.

Findling

Findelkind
kosmischer Herkunft.
Fremdling aus dem Reich der Geheimnisse.
Feurigen Fluges ist er
aus dem Himmel gestürzt.
Hat neue Heimstatt auf der Erde gefunden.
Ist irdisch geworden.
Stein unter Steinen.
Von rostigem Moos gefleckt,
von Brombeerranken umklammert,
Steinbrech versucht, ihn zu sprengen.
Keine Aura mehr.

Und doch steht einer und fragt:
Wer bist du?
Woher bist du gekommen?

Eine alte Gartenmauer

Irgendwo im Tessin
eine alte Gartenmauer.
Nur eine alte, niedere,
armselige Gartenmauer,
aus Granitplatten roh gefügt,
weder schön noch häßlich,
die kleine Mauer, nur –
sie hat ein Gesicht,
sie schaut dich an.
Welcher Zauber spricht hier?
Es ist nicht der bunte Wildwuchs
in den erdenen Fugen,
noch der Asternflor
überm Mauerrand,
nicht die Mischung
aus Symmetrie und Unordnung
im Steingefüge,
noch das Verwitterte und Moosige.
Hier nützt kein Deuten.
Der Schauende verweilt,
kostet den Reiz des Unscheinbaren
und lächelt.

Sieben Pappeln

Sieben Pappeln am Wiesenbach.
Sieben Pappeln, würdevoll und weise,
tief versunken in die Betrachtung ihrer selbst.
Sie lauschen dem Singen
der eigenen silbrigen Blätter.
Zuweilen halten sie Zwiesprache
mit dem Wind und den nistenden Vögeln.
Eingehüllt in das Licht der Nacht
beten sie ihre Gottheit an,
den silbernen Mond.

Ich liege in ihrem Schatten
und schaue hinauf
zur grünen, flimmernden Wand
und sinne einem Rätsel nach,
dem Rätsel der sieben Pappeln
am Wiesenbach.

Seestück

In der glitzernden Spiegelung
Sonne, Mond und Stern.
Hier blühen Seerosen
weiß auf silbernem Grund.
Hier erkannte sich Adonis
und bewunderte seine Schönheit

Ophelia zerbrach den Spiegel.

Unten
diffuses Licht,
der räuberische Hecht im Algenkraut.
In der schwarzen Tiefe
der lockende Wassermann
mit seinen Opfern.

Ruhen

Ruhen
auf dem Grund des Unergründlichen.
Eine gute Ruhestätte
sind Sand und Fels
mit dem Wind vom Meer
und dem Flug der Vögel.

Und nachts
in den offenen Augen
die Lichtersaat der Sterne
und darüber
der andere Grund,
der Urgrund
des Unergründlichen.

Vergessen

Das Ich vergessen
den Namen und die Stunde
das Wissen vergessen
und das Gestern und das Morgen
alterslos werden und fühllos
gegen Schicksal und Tod
wie eine Wiesendolde
lichtgesättigt und windgewiegt
benachbart den stummen
unwissenden Dingen
eingehüllt in kreatürliches Schweigen

Dies genügt

Meer und Wellen.
Der Geruch des Wassers.
Die großen schlafenden Kiesel
im warmen Sand.
Wind über den trockenen Gräsern.
Die weithin offenen Räume,
in denen das Licht blüht
und die großen Vögel wohnen –

Dies genügt,
um heimisch zu werden
im Uralten.

Unisono

Am offenen Fenster.
Ruhen. Atmen.
Gemessener Herzschlag.

Draußen das wogende Rauschen des Wassers,
das stille Pochen des Windes,
der von den Inseln kommt.

Ein paar Takte Musik,
die vom Strand her wehen
und den Lauschenden freundlich umspielen.

Befreundete Dinge

Die flimmernde, wellenfreudige Fläche,
weithin ausgedehnt ins Offene
und jenseits von Wellenspiel und Fischerboot
der reine Raum, durchsichtig
und von bläulichem Weiß
und er breitet sich aus
aufwärts ins Grenzenlose
und mündet ein in jene anderen,
sich aufwärts türmenden Räume,
in denen die Sichel des Mondes hängt.
Und Sichel, Wellenspiel und Fischerboot
schließen den Kreis der befreundeten Dinge.

Die Linie

Die Linie, in sanfter Krümmung
über den Rand des Ozeans geschwungen –
man möchte über die Glätte streichen
und die Vollkommenheit der Kante spüren.
Und wenn die Linie unter dem Zenit
die Strahlung reinen Silbers annimmt,
feiert der Ozean das Fest des Lichts.

*

Sie ist nur in der Ferne sichtbar.
Sie ist nie erreichbar.
Sie entzieht sich jedem, der ihr naht.
Sie ist bald hier und ist bald dort.
Sie ist ein Etwas und ein Nichts.
Fata Morgana. Illusion.
Eine Illusion von blendender Schönheit.

*

Die Linie, mit vager Kontur
und abendlich rosenfarben,
empfängt die große rote Hostie
in ruhiger Gelassenheit.
Und wenn der Brand der Dämmerung erlischt
in langsamem Verglühen,
versinkt auch sie im Schatten der Nacht.

Berginneres

Wasser rinnen,
tiefhin fallend,
von Stein zu Stein.

Niemand sieht
in flachen Schalen
die schwarzen Seen.

Niemand hört
den silbernen Klang
der fallenden Tropfen.

Niemand hört
das uralte Singen
im Steingeäst.

Irgendwo ist Lichtes

Der graue Stein der Straße.
Hastende Menschen.
Blicklose Menschen.

Irgendwo ist Lichtes.
Es beginnt aufzublühen.
Ich sehe sie wieder
droben am Fels,
würdevoll und in Einfalt,
die schlanke, weißstrahlige Blume.
Und alles ist wieder da:
der offene Blick,
das verstohlene Winken,
die verborgene Heiterkeit,
die vertraute Stille
im Mittagslicht.

Erloschen. Und wieder
grauer Stein,
hastende Menschen,
blicklose Menschen.

Rose und Kristall

Der stumme Triumph
über die Menschenwerke
ist unverkennbar.

Immer noch sind sie
Hüter des alten
unlösbaren Rätsels.

Vergessen ist
ihre Herkunft
aus paradiesischen Gärten.

Vergessen ist
das göttliche Siegel.

Kristalle

Der Gott der Höhlen,
ein geometrischer Geist,
ließ seine Visionen erstehen
aus Ursubstanz:

Kristalline Spielzeugbauten,
erstarrte Strukturen
mit Ecken, Kanten und Winkeln,
mit Quadern, glattgeschliffen,
lichtblau und rosa,
tintenschwarz und wasserhell,
matt leuchtende Burgen
mit quadratischen Säulen
und pyramidischen Türmen,
pflanzenhaft aufsteigende Gebilde
mit spitzen Zacken,
unendliche Varianten
tetragonaler und hexagonaler Gefüge,
Beryll und Pyrit,
Granat und Turmalin –

Hier darf keiner fragen:
Wer seid ihr, fremde Gewächse
aus den dunklen Höhlen?
Man muß sie in Händen halten
und betrachten.
Und wer sie lange anschaut
und mit Bedacht,
schaut dem Schöpfergeist ins Auge.

Die chinesische Vase

Inmitten von Plunder,
Gemälden und Figuren
die Einsamkeit der chinesischen Vase.

Man müßte sie in Händen halten,
mit allen Sinnen umfangen.
Die Fingerspitzen erspüren
die glatte Kühle des Porzellans.
Das Auge erschaut
den Kranz der Lotosblüten,
darüber, im polychromen Rankenwerk
den Phönix und den gewundenen Drachen,
die Päonie und den prunkvollen Pfau.

Was hier steht, schwebend und
wie gelöst im harmonischen Farbenspiel,
ist kein Gefäß –
nur Geschenk aus dem Reich der Mitte.

Das Innere der Leere,
Taos wirkende Kraft,
hat den vollendeten Leib geschaffen.
Versunken in die Betrachtung,
in der eigenen Gelassenheit ruhend,
feiert sie den Triumph der eigenen Schönheit.

Sehnsucht einer Windrose

Sie nennen mich Rose.
Rose der vier Winde,
wurzellos und blattlos,
der Zeit enthoben und dem Blütentum.
Kalte metallene Scheibe.
Die zitternde Nadel gehorcht willig,
sklavenhaft willig,
dem Diktat des Magnets.
Meine einzige Tugend:
Ich weise den Seefahrern den Weg.
Im Grunde:
Nichtiges Zeug in der Hand
eines brummigen Kapitäns.

Ich möchte eine Rose sein.
Nur-Rose, Garten-Rose,
wurzelnd in lockerem Boden,
Blätter treibend und Knospen,
freudig bereit
dem Weckruf der Sonne,
mit erblühtem Rot
weithin leuchtend im Garten,
nur mir gehörend
und dem eigenen Glanz.

So möchte ich sein,
ich,
harte, metallene Scheibe –:
warme, duftende Rose,
dornenbewehrt.

Rose hinter Gittern

Eine Gasse in Sorrent,
lärmig und voll quirlendem Leben.
Am Straßenrand ein Maschendraht,
löchrig und verbeult.
Dahinter eine Rose.
Keine Rose,
nur flockiges, fahles Gelb,
gepudert vom Staub der Gasse,
verblaßtes Rosa vom Blütenrand,
müde angelehnt an den rostigen Draht.

Vielleicht ein kleines Mädchen,
von Neugier getrieben,
wirft einen Blick in den Garten
und eilt davon.

Keine Rose.
Nur eine gedemütigte Fürstin.

Bestattung der letzten Rose

Als die letzte Rose starb
und in roten Flecken niederfiel,
warf der Wind eine Handvoll Laub
und deckte sie zu.

Zur Winterszeit dann
breitete der Wind
ein weißes Laken über das Laub
und gewährte der Rose
ein doppeltes Grab.

Die Winterrose

Ihr lacht wohl über den Träumer,
der Blumen im Winter sah?
Wilhelm Müller, »Winterreise«

Rose des Gartens –
sie soll nicht Schmuck der Vase sein.
Sie soll nicht der Freundin gehören.
Ich hole sie herein
in die innere Kammer,
speichere sie auf,
präge sie ein.

In Winternächten dann,
in Stunden der Schwere –
ich sehe sie
langstielig, mit gezackten Blättern,
die Blüte leicht geneigt
in heiterer Grazie,
gehüllt in nächtliches Rot.

Sie ist da,
wann immer ich sie rufe,
meine innen blühende,
sommerlich freudige,
tröstliche Winterrose.

Die Klage der Kreatur

Der Vogel,
der in den vermeintlichen Himmel
einer Fensterscheibe flog –
jäh zerbrach das geordnete Bild
aus Bäumen, Häusern und Menschen.

Er flog fort
taumelnd und irren Flugs.
Das Entsetzen trieb ihn
in den dunklen Busch.
Zu hören war
ein klagender Ton –
die Klage der Kreatur
über die Schrecken der Welt.

Es schaut herüber

Arglos hebt ein kleines Mädchen
den Deckel der Truhe
und sieht mit Bestürzung
den schwarzen Teufel.

Immer wieder schaut es herüber:
Aus dunklem Mäuseloch
das Paar der blitzenden Augen,
von irdener Schüssel
der milchige Blick
des toten Fisches.

Terror

Sie sitzen auf breiten Ästen,
weithin sichtbar,
die langgeschwänzten Despoten.

Mord ist ihr Geschäft
seit Jahrtausenden.
Töten von Wehrlosen
ihr Privileg.

Ihr gellender Schrei
ist der Schrecken der Meisen.
Der Gesang in den Büschen verstummt.
Stille der Angst.
Terror in den Bäumen –

und anderswo.

Zugvögel

Unsere Freunde nehmen Abschied.
Die Versammlung in den Lüften,
chaotisch wirr,
drängt zum Licht des Mittags.
Sie werfen sich in die offenen Räume
mit dem Wagemut der Eroberer.
Sie mißachten Netz und Schlinge.
Sie haben in ihren Köpfen
den Traum von warmen Stränden
und von Nestern in Palmenhainen.
Sie fliegen blindlings zu einem Ziel,
das sie nicht kennen
und doch erreichen.
Sie folgen einem Ruf,
den sie nicht verstehen.

Die Flüchtenden ziehn über die Berge.
Ich stehe immer noch und schaue.
Wunderliche Karawane
im Land der Wolken.
Vielleicht ist irgendwo
eine lenkende Hand.

Das bunte Band

Ein Zauberer hat das bunte Band
hoch oben in den Himmel gemalt.
Die Kinder stehen mit offenen Mündern.

Schönes Leuchten.
Schön geschwungener Bogen.
Klingende Harmonie
im Himmelsgewölbe.
Vollkommene Geometrie, schwebend
über Wirrnis, Chaos, Tod.
Sanfter Zusammenschluß
extremer Enden.
Fata Morgana des Friedens.

Das Farbenspiel ist erloschen.
Das Zeichen aber bleibt über der Erde.
Unsichtbar und
für alle Zeiten.

UN-WELT

Weltblind

Verschleierte Iris,
Auge,
von Spinnweben umsponnen.
Kein trinkendes Auge,
keine Verwunderung,
kein Geschenk.

Draußen:
Oberflächen und Statisten
Hüllen und Schalen
Gleichgültig-Graues
Monotonie des Gewohnten
Banalitäten
Gras ist Gras
Stein ist Stein
Kein Verweilen
Keine Verwendung
Allenfalls Kommerz
Blick ins Leere.

Das verkümmerte,
das weltblinde Auge.
Kein Arzt in Sicht.

Optik

Wer in den Bäumen ein Geheimnis sieht,
ist verdächtig.

Der Unverdächtige sieht
den Anstieg der Aktien
und die Rendite der Immobilien.
Er erlebt metaphysische Unruhe
beim Anblick der roten Zahlen,
beim Sturz des Dollars.

Der graue Star
verhindert
die rechte Optik.

Günter Eich: Ungewohntes Wort

Der Schrei der vergifteten Fische,
der Schrei der erstickten Möwen,
der Schrei der verendenden Robben –

Unüberhörbar
ihr Ruf nach Gerechtigkeit.
Ihr Tribunal, unsichtbar
in Flüssen, Meeren und Lüften,
folgt unerbittlichen Gesetzen.

Ihr Spruch ist schon gefällt.
Er wird uns erreichen
noch vor dem Wechsel des Mondes.

Regen

Keine Gabe einer segnenden Hand.
Was uns zugedacht ist von oben,
wir haben es in Verderben gewandelt.
Aus den Wolken erhalten wir
gerechte Antwort.
Was wir ausgesandt haben,
fällt auf unsere Häupter zurück.

Die Erde empfängt es willig,
das gesäte Unheil,
ohne zu wissen,
wie ihr geschieht.
Doch die Gewächse verraten es
und erheben Anklage.
Unsere Enkel werden uns fluchen.

Der weiße Streifen

Der weiße Steifen am Himmel
von Ost nach West
in sanfter Krümmung.
Der graue Punkt,
eine Spinne gleichsam,
die den Faden hinterläßt
in ruhigem Gleiten.
Der Streifen wächst
und zieht eine Linie
quer über den Himmel.
Im Innern des grauen Punktes
sitzen Menschen und schauen
im Wohlgefühl des Schwebens
auf die Erde hinab.
Der graue Punkt –
ein Chaos aus Rauch und Flammen.
Lautlos taumeln die Trümmer
hinab in die Tiefe.
Die weiße Linie zerfasert.
Man sieht noch lange
lichtes Gewölk.

Auf dem Weg nach Briquebec 1944

Als Kurier, tarngefleckt,
auf dem Weg nach Briquebec.
Überm Land lag der Schnee des frühen Winters.
In der Ferne stiegen Wolken aus schwarzem Rauch.
Über den Feldern hing Brandgeruch.
In den Lüften dröhnten die Geschwader.

Ich sah am Ackerrain,
im glitzernden Weiß,
den Hagebuttenstrauch.
Die roten Früchte,
wohlgeformt und von mattem Glanz,
hingen friedlich im schwarzen Gedörn,
überwölbt von lichter Bläue.

Ich hörte, wie das Dröhnen schwoll.
Ich sah eine Staffel geflügelter Schemen
in diffusem Licht.
Ich sah, wie es zu rieseln begann
vom Himmel herab.
Schwarze Körner fielen in gierigem Sturz
dem einen Ziel entgegen:
dem Inferno irgendwo.

Danaergeschenke

Die großen Gaben des Fortschritts:
Kernspaltung, atomare Waffen –

Warum nur denke ich
an das hölzerne Pferd
vor den Toren Trojas?

Schwarze Flecken

I

Schwarze Flecken auf den Rosenblättern.
Rote Flecken, braune Flecken
auf Armen und Beinen.
Tausendfach blühen
die roten Felder der Allergien.
Pilze und Bazillen
unbekannter Herkunft
wuchern im Verborgenen.
Es kommt aus den Lüften,
es kommt aus den Äckern.
Wir atmen es ein.
Wir essen es.

Ausgerottet ist die alte Pest.
Hohnlachend droht
die neue.

II

Schwarze Flecken auf den Ahornblättern.
Tintige Flecken, kieselgroß.
Tinte träufelt aus Wolken,
aus blauem, aus nächtlichem Himmel,
unsichtbar, unablässig.
Die Meister sitzen in Betonklötzen
und blasen giftigen Atem
durch hohe Kamine.
Es träufelt auf unsere Häupter,
auf Hände und Füße,
es träufelt auf die Suppe,
auf Milch und Brot,
unsichtbar, unablässig.
Wir lächeln und lächeln
und glauben den tönenden Stimmen,
lobenden Stimmen,
tröstenden Stimmen,
unsichtbar, unablässig.

Mohn

Ein zierliches Krönlein,
Schneewittchens würdig.
Eine langstielige, hölzerne Kapsel:
Drehspiel zwischen zwei Fingerspitzen.

Die Körner rascheln.
Eine Klapper für Kinder.

Für andere:
Körner des Unheils.
Droge des Vergessens.
Droge der Sucht.

Hypnos: der Gott des Schlafes,
der Gott der Nacht,
der Bruder des Todes.

Ohnmacht

Die Waage der Welt ist gestört.
Der Balken neigt sich zur Tiefe,
vollbeladen und übermächtig.
Die Schale oben in der Schräge
ist angefüllt mit Leere.
Ich werfe mein Gran hinein.
Die Nutzlosigkeit ist offenbar.

Paul Celan

Er kam aus dem Dunkel.
Er hatte die Medusa gesehen.
Er war der Fremde.
Und er begann, das Dunkle zu sagen:
Schattenwort und Aschenwort,
Bettelwort, versteintes Wort,
medusengemäß,
vom Wirklichkeitswunden
durch das *Sprachgitter* gesprochen,
hart gehämmert, leidgehämmert,
sibyllinisch.
Sprache des Niemandslandes,
darin die *Niemandsrose* blüht.

Wandlung kündigt sich an:
Atemwende.
Noch stehen die Tempel.
Noch gibt es das Sternenlicht
und das Hoffnungswort: *Gras.*
Hosianna.

Keine Wende
Das Dunkel kehrt zurück
Alles ist verloren
Todesbesitz

Der Besitzer kommt –
der Wassertod.

Das Künftige

Was kommen wird,
verbirgt sich in fernen Räumen.
Vielleicht im Schoße der Götter.
Es ist uns zugedacht,
dunkel und ungewiß,
drohend über den Häuptern:
Verhängnis.

Was kommen wird,
bereitet Ankunft vor.
Das Künftige, wartend,
ist Tag um Tag,
Stunde um Stunde
auf dem Weg zu den Menschen.
Es bricht in den Morgen ein
und bringt seine Botschaft.
Wir vernehmen sie bangen Herzens.

Oder es legt zur Nachtzeit
das düstere Geschenk auf den Tisch:
die Büchse der Pandora.
Wir öffnen – das Grausen fällt uns an.
Gnade uns Gott!

Was kommen wird,
kommt mit Gerechtigkeit.
Unsere Hände streuen Samen.
Früchte wachsen im Garten der Zeit,
bittere Früchte, tödliche Früchte.
Sie fallen uns zu: kein Zufall.
Nur das gebührende Maß.

Der Tod verdrängt unsere Zukunft
und beschwört eine neue herauf,
dunkler noch, ungewisser.
Endgültig.

Rudolf Nikolaus Maier

NACHRICHT VON DRAUSSEN

Gedichte

134 Seiten · 15 × 21 cm · Leinen

»Ein neuer Dichter ist in der Welt, und die Welt, die ihn sehen und schauen gelehrt hat, wird durch ihn größer und reicher – der Dichter stattet ihr seinen Dank ab …

Die zahlreichen literaturwissenschaftlichen und poetologischen Werke aus seiner Feder haben die Kollegen in der Schule schätzen gelernt, eines von ihnen, das ›Paradies der Weltlosigkeit. Untersuchungen zur abstrakten Dichtung seit 1909‹, wurde sogar ins Japanische übersetzt.

Und nun also sein erstes eigenes Gedichtbuch, themenreich, formenreich, sehr souverän, beileibe keine Sammlung von Reminiszenzen an all die behandelten Autoren. Nein, Maier tritt nun selbst in die Reihe unserer Lyriker, seine besten Gedichte werden hoffentlich in zukünftigen Anthologien zu finden sein.«

Süddeutscher Rundfunk

Jan Thorbecke Verlag Sigmaringen